PERMANENCIA

Vicente Picó Galache

COLECCIÓN ITES

PERMANENCIA

© Vicente Picó Galache
© Prólogo: Juan Pablo Zapater
© de esta edición: Olé Libros, 2026

ISBN: 979-13-87620-47-9
Depósito legal: V-57-2026
Impreso en España

KALOSINI, S. L.
Grupo editorial **olélibros**
equipo@olelibros.com
www.olelibros.com

Para mi familia,
a quien tanto Amor debo.

PRÓLOGO

EVOLUCIONAR, PERO QUEDÁNDOSE

Ya he contado alguna otra vez que conocí a Vicente Picó Galache como un minucioso y prudentísimo "hombre de números" y no de "letras", una persona más entregada en apariencia al asesoramiento fiscal que a la literatura y sus distintos géneros. Si la memoria no me falla, ocurrió en la década de los noventa del pasado siglo —parece que hablemos de hace una eternidad—, cuando durante unos pocos años me dediqué de manera circunstancial al mundo del emprendimiento, un complicado y extraño hábitat que terminé por abandonar, teniendo la certeza de que aquello no era en ningún caso lo mío.

Vicente Picó nos llevaba por entonces la contabilidad del invento y al mismo tiempo atendía el conjunto de nuestros compromisos fiscales, bien empresariales o bien particulares, con absoluta fidelidad y maestría, tanto es así que ha seguido siendo, hasta su merecido retiro laboral, además de un gran amigo personal, mi asesor económico de referencia, excelente profesional en todos los sentidos. Lo cierto es que una tarde, mientras repasábamos las pertinentes facturas para completar algún tipo de declaración, entre las cuales figuraba una en la que me retribuían determinada colaboración literaria, el propio Vicente destapó el tarro de lo inesperado al preguntarme: «Ah, ¿pero tú escribes poesía?». A lo que añadió inmediatamente: «Yo también escribo».

A partir de aquel momento, nuestras conversaciones no se limitaron a los aburridos intercambios de papeles, ni a calcular bases imponibles y posibles desgravaciones, porque la poesía había hecho su estelar aparición y el frío "hombre de números" se había convertido, de forma sorprendente e imprevista, en un apasionado "hombre de letras", y de letras poéticas para mayor precisión.

Recuerdo que me contó y me enseñó sus primeras incursiones en el mundo de la publicación, en concreto una antología de jóvenes escritores fechada en Córdoba a finales de los setenta, en la que compartía páginas, entre muchas otras promesas, con algún futuro relevante poeta valenciano. Y he de decir que yo reconocí en Vicente, desde el principio, a un autor con alma de madera noble, una madera dotada de calidad y consistencia, aunque todavía escondida en el frondoso bosque del anonimato poético.

Más adelante fui convirtiéndome en testigo privilegiado de alguna versión previa de su inicial libro de poemas, *Lo que un día fue nieve*, un título que tuve la ocasión de presentar, tras su edición en el año 2021, y con el cual Vicente Picó demostraba no haber querido nunca ser un poeta precipitado a la hora de exponerse ante sus potenciales lectores. Más bien retrasó conscientemente su aparición pública hasta estar seguro de lo que llevaría a imprimir en aquel su primer libro en solitario que vio la luz.

No tener prisa por publicar una obra primeriza tiene sus ventajas. Y la principal de ellas es la de equivocarse muy poco a la hora de trabajar y escoger los textos que daremos a conocer, esos que marcarán nuestros pasos preliminares en el siempre inseguro camino de la creación poética. Por eso, aquel libro inaugural de Vicente nos brindó la oportunidad de celebrar el nacimiento de una interesante voz, una voz madurada en la semiclandestinidad literaria, fuera de los círculos habituales donde tiene lugar y se desarrolla la vida social y comunicativa de los escritores y escritoras de nuestro entorno.

Y eso nos lleva a una segunda y no menos importante ventaja: la de ir adquiriendo con el tiempo una forma propia de cimentar los versos y, basada en ella, concebir la construcción de cada uno de nuestros poemas como entidades reconocibles que nos identifiquen y nos conviertan en autores con un posible sello personal. Ahí es donde nos encontramos de frente con la poesía de Vicente Picó Galache, un modo muy suyo de escribir que ya se anunciaba en su libro anterior y que se confirma, con una controlada y armoniosa evolución, en las páginas de esta nueva entrega lírica, *Permanencia*, cuyo título sugiere ese apacible evolucionar, pero quedándose.

El libro que nos ocupa arranca con una dedicatoria personal —en la cual se resalta con mayúscula inicial la palabra "Amor", uso que se repetirá a lo largo del poemario y demuestra un respeto reverencial por ese término y ese sentimiento humano— y con dos citas sentenciosas, una de Rafael Guillén y otra de Paul Éluard, que nos dan sendas pistas acerca del pensar poético del autor: ese manifiesto desencanto ante lo inevitable y la aceptación del consuelo redentor que iremos encontrando a lo largo de las reflexiones que después leeremos en los diversos textos.

Y en el primero de ellos, que actúa a modo de umbral del poemario y lleva por título «El milagro», Picó nos presenta una especie de salmo de agradecimiento por esas palabras que nos llegan sin una causa cierta, que son como un prodigio que se nos aparece y se nos regala al practicar la escritura creativa. Un texto introductorio con el cual el poeta nos traza toda una declaración de intenciones, cuando no un esbozo de su poética (*Llega por fin la palabra. / Mírala, no la toques. / Viene para estar contigo...*).

Una vez cruzado ese pórtico inicial, empiezan a desarrollarse las tres partes en que está dividido el libro, comenzando por la denominada «Infinitud». En ella se suceden poemas de reconocimiento propio, poemas en los que la conciencia y asunción del paso del tiempo, unidas al inevitable ejercicio del recuerdo, se toman como necesarias tablas de salvación. Así, podemos leer en estos versos de «Memorial de la noche»: *Todo está en calma, / todo menos este cuerpo vencido, / abanico de venas en las manos / y un corazón siempre alerta / que busca su raíz en la memoria.* Y en este otro poema, titulado «Alianza», en el cual ya asoma también con fuerza ese otro madero flotante al que agarrarse tras el naufragio: *Dádiva, promesa o Amor, / ese será tu apellido. / Tu verdadero tesoro / no es el metal que te adorna, / es tu eterna permanencia.*

También se proponen otros temas en este primer tramo de la obra, planteando reflexiones en torno a una serie de misterios que sin duda inquietan al poeta: el imposible entendimiento de la infinitud (*En la infinitud nada sucede*); la eterna controversia sobre la presencia y la inexistencia de Dios (*... nubes ardiendo en amarillos, / lo más parecido a Dios*); o la naturaleza del sueño como anticipo de la propia muerte (*Es el sueño, / un permanente asedio a la memoria, / el aprendizaje de la muerte*).

La segunda parte del poemario, titulada «Vocación de Amar», queda abierta con un par de citas de autores ilustres, Quevedo y Cernuda. En ellas se consagran dos fecundas ideas, diferentes entre sí, aunque no forzosamente contrapuestas: la de «Amar» como pasión intelectual y pura, opuesta a la vulgaridad del querer; y la del «Amor» unido a su destino trágico, que condena a una muerte en vida al que lo tuvo y lo ha perdido. Nociones dispares estas, igual que variadas se revelan las concepciones que Vicente Picó nos dibuja en sus textos poéticos sobre ese sentimiento tan intenso al que llamamos Amor.

Ya desde el mismo poema titulado «Escuchad la ternura» apreciamos su comparecencia, incluso explícita, en los versos finales: *Escuchad la ternura, / la imploración de un Amor / para un corazón cautivo.* Y no digamos en las dos siguientes composiciones, que coinciden en título («Vocación de Amar») con la propia sección del libro y se identifican como I y II, en las cuales resulta muy evidente la entrega incondicional del enamorado, en primera persona, a su ser amado.

Con algunos otros argumentos de por medio, más o menos conectados con él, vuelve el Amor constantemente a escena en esta segunda parte de la obra. Bien sea como protagonista absoluto (*El Amor se balancea, / fácil deriva hacia el olvido*), o en ocasiones como actor secundario (*Ninguna luz preciso para adivinarte*), pero siempre está ahí. La poesía de Vicente Picó quiere hablarnos con crudeza de ese Amor, pero se contiene. Por momentos se desnuda, pero lo hace amparada en un resguardo que la cubre, un biombo donde se intuye la silueta en sombras de unos versos que destilan pura sensualidad, aunque sin llegar a mostrar su piel indefensa, sino más bien su herida descarnada.

Si las dos primeras secciones del libro se centraban sobre todo en el sentir individual del ser humano —el sujeto poético— que sufre sin ver calmada su sed, ya sea esta de salvación o de conocimiento, ni ver tampoco colmado su deseo de alcanzar un estado de enamoramiento correspondido, la tercera de ellas —titulada «Los otros»— empieza haciéndolo sobre un sentir colectivo, social, diría yo que hasta reivindicatorio. Así desde los primeros poemas que leemos («El llanto de las manos» o «Kirkuk 2016»), se aprecia esa desgarradora denuncia del autor ante las situaciones y los acontecimientos que podemos advertir casi diariamente, tanto en nuestras propias calles salpicadas de pobreza como en las de tantas ciudades y países en guerra que asoman a los noticiarios.

Después se suceden diferentes textos reflexivos que giran alrededor de la propia trayectoria existencial del poeta y la de algún ser cercano, ya desaparecido (*No te has ido. / Como la pluma trizada del ave / mantiene a duras penas su vuelo, / así has vivido tú... // No te has ido. / Morir es vivir en el recuerdo de otros*). Se podría decir que en esta parte final de la obra se lleva a cabo una especie de examen de conciencia acerca de lo vivido —con claras alusiones a la niñez perdida y a los juegos de la adolescencia— y también se da muestra de una serena aceptación de la consecuencia inevitable de haber pisado el mundo: ese destino que espera al final del camino y al cual llamamos "muerte". Aunque eso sí, no se da por terminado el poemario sin dejar abierta una ventana a la esperanza en la última de sus piezas, la titulada «Ensoñación final»: *Por fin acepto esa mano / que alguien confiado me tiende / para afrontar el tránsito / de un corazón a la deriva... // Un extraño me acompaña / y me enseña nuevas calles. / La ciudad duerme en mis ojos: / un radiante día comienza.*

La poesía de Vicente Picó Galache es siempre ajustada, inteligente y está dotada de un notable equilibrio entre la forma y el fondo, entre la hechura sólida de cada estrofa y la carga emotiva o indagatoria que el mensaje contiene. Y así queda más que acreditado en su nueva entrega poética, *Permanencia*. Un capítulo más —que a buen seguro no será el último— dentro de la medida evolución creativa de este autor ya reconocido como lo que es: un valorado y auténtico "hombre de letras".

Juan Pablo Zapater
Valencia, 4 de noviembre de 2025

El hombre, vida apenas,
tan sólo existe para ser testigo.

RAFAEL GUILLÉN

Los tesoros son paredes con sombra ciega
y el Amor está en el mundo para olvidar el mundo.

PAUL ÉLUARD

EL MILAGRO

Llega por fin la palabra.
Mírala, no la toques.
Viene para estar contigo
con su vestimenta de oro
y su cuerpo blanco de nieve;
las vocales luminosas
se enamoran de la hoja.

A veces huye de tus manos,
pero al final siempre regresa
como un azor agradecido
a los brazos del cetrero
portando un regalo en su boca,
y junto a ti permanece
fiel como perro a su amo
mientras tu corazón acepte
compartir de nuevo este anhelo.

I. INFINITUD

Moriré a tus pies, eternidad
MANUEL ÁLVAREZ ORTEGA

MEMORIAL DE LA NOCHE

En esta hora ya desnudo,
cuando cesa la luz en su dominio,
sigue la vida en esta estancia,
segundo piso de cemento y mármol,
un espacio ganado al cielo.
Afuera, un mundo de ruido sin voces,
campanas que aguardan su instante
para imponer su eco en la noche,
largas avenidas sin más sustento
que restos de alegría reciente,
solaje de un cristal manchado,
de un día que ya termina.

Todo está en calma,
todo menos este cuerpo vencido,
abanico de venas en las manos
y un corazón siempre alerta
que busca su raíz en la memoria.

En esta hora ya desnudo,
lloran lienzos su orfandad
soñando con brocados que no existen.

Alza la vista,
que la piel se aferre a la vida,
junta la savia con tu sangre:
ningún árbol llora su abandono.

Agua en tus manos

Una arboleda en miniatura
acompaña a la milenaria fuente,
ofrece su agua a un río
que pierde la vida en las acequias
y en silencio se aleja lastimado.
Altísimos álamos la rodean
con cuerpos medio desnudos
que inclinados por los años
parecen adivinar su muerte.

Acaricio los caños de hierro,
el agua acaba en la piedra,
interrumpo su lenta caída
con mi mano ofrecida al aire.

Queda en penumbra la fuente
y mi mano agradecida.

MEMORIA VACÍA

Esta soledad no buscada,
la de los corazones ausentes,
llega sin previo aviso
dejando el alma en vigilia
como una mariposa ya entregada
deja perforar su cuerpo.

Ha de volver el tiempo irrecobrable,
la nieve que rozó nuestras manos
y se fundió en la vida de otros,
el cariño atesorado y no ofrecido,
amaneceres que a la mirada escapan.

De toda esta genealogía inútil
solo queda vuestro nombre en mi memoria.

Puntos suspensivos

Un punto
es el cielo despejado,
la primera lágrima de vida,
un halo de luz en la penumbra,
el final de un desamparo.
Es el instante mismo,
el primer número,
el color blanco,
un Amor reconocido
entre una lluvia de escombros,
pálpito de feliz incertidumbre,
una pausa momentánea,
el luto que prescribe,
la sutura de una herida.

Un punto
es un diminuto espacio
entre dos puentes
que conducen a otro punto,
las gotas de lluvia precisas
para cultivar la tierra.

Un punto
es el futuro que no veremos,
la palabra nunca dicha
que no cabe en el poema.

La vida es un salto
entre infinitos puntos,
puntos... suspensivos.

TIEMPO CASI CUMPLIDO

Ese cuerpo de corazón ardiente,
que un día dejó su piel
como ofrenda de irredento Amor
y fue poderosa balaustrada,
sostén de vidas ajenas:
amó, sangró y regó la tierra
como el agua limpia del río
alivia las grietas del campo.

Ahora duerme bajo el gran árbol
cerrando las pupilas al mundo
y desconfía de un Dios escondido
en su cobarde e infinita siesta.

Asombrado por la paz que respira
y dichoso por haber nacido,
prepara la ceremonia final,
sabiendo que los años que le restan
son los mismos en tiempo y dicha
que los del perro que hoy nace.

ALIANZA

Cuerpo con vientre vacío
y un destello en tus fronteras,
sometido a fuego lento
para así alcanzar tu forma
por la misma mano firme
que primero te dibuja
y te ofrece a nuevas manos.

Dádiva, promesa o Amor,
ese será tu apellido.
Tu verdadero tesoro
no es el metal que te adorna,
es tu eterna permanencia.

ASCENSIÓN HACIA LA VERDAD

Va atesorando la montaña
los años que el hombre pierde.
La mirada auténtica,
la más clara y profunda,
el acuario luminoso
está en el espacio más alto,
vestigio de lo vivido.

Es preciso iniciar la escalada,
incrustar firmemente las manos
en las grietas del antiguo dolor
y dejarlo atrás para siempre
en la ciénaga del olvido.
Y protegidos del peligro
por anclajes de esperanza,
subir, subir a la cima del cielo
a pesar del precipicio
y del frío intenso en las alturas;
encontrar el refugio de la luz,
escuchar el rezo silente del alma
y contemplar el inmenso vacío
donde queda nuestra vida.

INFINITUD

A Dionisia García

Queda el cuerpo aferrado
a un refugio de roca firme;
a merced de olas bravas
recibe su espuma como alimento.
Allá, a lo lejos,
entre el agua y el horizonte,
donde el sol derrama vida,
nubes ardiendo en amarillos,
lo más parecido a Dios.

Cierras por un instante los ojos
y, en la infinita distancia,
jardines de lilas púrpura,
latidos de Mozart y su Ulises
erizan la piel y tu pelo.

El cuerpo frente al mar
anhela que el barrido del faro
pueda iluminar tu rostro,
y en esta clara prueba de existencia
comprendes que el recuerdo
es el corazón de la memoria
y en ella quedarán eternos
los árboles que de ti nacieron.

¡Mira el tránsito continuo del hombre!
¡Siente el pulso febril de la tierra!

En la infinitud nada sucede.

MAR

He llegado hasta tus límites.
Un velero en forma de nube
acompaña a las olas en su mudanza
y la ilusoria blancura de la espuma
recubre el azul vidriado de tu manto.

El horizonte es el sueño que Dios impone.
Desangrándote de tu sal lo alcanzas
y eres otro mar
y yo soy otro hombre
que tu territorio prohibido invade
acercando mi aliento a tus entrañas.
¿Cómo será el fuego en tus mareas?
¿Qué voz habita en lo oscuro?

Mar, no eres nada,
solo la palabra que te nombra,
mudo testigo de lo eterno.

El sueño

Bajo una mancha de tinta negra
o junto a la orilla del lago,
en la vida que nace y se asoma
o en los ojos que para siempre se cierran.

Un hierro ardiendo entre las manos,
el sexo en un cielo inalcanzable,
volar hacia un espacio sin límites
a ras del suelo y en silencio.

Vivir en jaulas de amargura
o en un constante delirio,
desear la muerte ajena
para salvar la vida propia.

Ser carcelero, asesino en serie
o monje entregado a su rezo,
adentrarse en el Amor prohibido
y esperar el veredicto final,
no reconocer el golpe de la sangre,
ser mártir de causas perdidas.

Es el sueño,
un permanente asedio a la memoria,
el aprendizaje de la muerte.

VOCES

Queda el árbol solitario
anclado en las raíces del tiempo
temblando por la ausencia de lluvia
bajo un cielo olvidado de pájaros.
Nada queda en esta tierra
salvo huellas que el viento ignora.

El pasado es un ave de fuego,
voz con múltiples ecos.
El pasado es el recuerdo,
campana sin música,
brocal de la locura
que permanece ciego e impasible
al soplo repetido del presente.

Refugio en el silencio

Dura tarea la del hombre:
medir el tiempo con lo efímero,
alzar la vista hacia las nubes
para que certifiquen con la lluvia
un aviso de lágrimas.
Aprender a separar el gemido de la voz
aceptando que la muerte más temida
no es sino el hueco de un fruto.

Y ahora volvamos al «yo»
para decir que el frío de los días me abrasa,
cultivo campos de sal para que la herida brille
sin saber qué hacer con la sangre que me sobra.

Vuelvo de nuevo al silencio,
alzo la vista hacia las nubes,
preguntándome cómo se reza.

Luz del alma

En la oscuridad del espacio
una ausencia nos cobija.
La ventana abre sus brazos
a un aire sin temperatura.
Solo el relámpago imprevisto
ilumina un segundo la noche,
su convulso destello
nos invita a contemplar
una ilusoria morada,
donde el antiguo dolor
creció y creció sin mesura
y ahora muere de cansancio.

El hombre, ciego de riquezas,
suplica ante un Dios ausente
y descubre su miseria
en las miserias ajenas.

La claridad no es precisa
para unos ojos agotados
de buscar un nuevo cielo.

CONTEMPLACIÓN

Abandonas la ciudad de ojos grandes.
Queda atrás el humo negro de las fábricas,
oscuras nubes, un augurio de tormenta,
el laberinto del tráfico y los semáforos,
el neón que ilumina esperanzas.

Cielo raso,
un viento repentino, casi corpóreo
conduce hasta la soledad del río
protegido por juncos y cañaverales,
respira lentamente sorteando
pequeños islotes de piedra.

Ahora, un profundo silencio,
como estar en una poza helada
o en las blancas sillas del sanatorio,
un silencio desvalido, casi de luto
(hijo bastardo de la risa)
doblega los párpados.

Pero tus ojos cristalinamente vivos,
casi testamentarios,
contemplan la tierra
y celebran la vida:
ese ascendente mercurio del deseo.

LA VIDA QUE POR VIVIR ME FALTA

Tanto tiempo cerrada al cielo
ahora alguien abre mi ventana.
Oculto en un refugio de ternura
mi cuerpo permanece a salvo.

Resulta que soy feliz,
deshojando la corola de los días
en un espacio libre de vidrios
con este sosegado silencio
al que solo la mirada resiste.

Siento una dulce quietud,
la del viejo campanario
o la del mar que retira
sus preciosas olas fatigadas
para volver a nacer,
como nace este repentino anhelo
de una brisa de Amor.

Soy feliz,
y con asombro descubro
todo el tiempo que me queda:
la vida que por vivir me falta.

Sombras

Nacida de una intensa luz,
necesaria para el alivio del cuerpo
y dar reposo, tal vez respuesta
a una repentina sofocación.

No desconfiamos de su color negro
ni de su delgada silueta:
nos precede para descubrir
las huellas de un camino incierto.
Luego nos persigue
incluso en los días sin sol,
ya no es compañía,
permanece vigilante
de nuestra condicional libertad
y se adhiere a la piel
como un nódulo inextirpable.

Cuando llega la oscuridad
no desaparece, se acomoda
en la profundidad del sueño
y entonces la noche
es un ejército de sombras que descansan.

II. VOCACIÓN DE AMAR

Amar es conocer virtud ardiente,
querer es voluntad interesada...
Francisco de Quevedo

No, no es el Amor quien muere
Luis Cernuda

ESCUCHAD LA TERNURA

*...to lie down in the darkness
and listen to the warm.*

ROD MCKUEN

Ha llegado la hora del sosiego,
ser protegido, hospedarse,
como un cachorro en los brazos de un niño,
como figura de porcelana
en una vitrina escondida.

Todo parece humano,
este color, casi de sangre,
de unas nubes gravitando
en un cielo azorado
que a Dios no pertenece.

Todo sucede muy lentamente,
como una porción de miel
que no termina de caer del tarro,
como un lago
que, de tanto mirarlo,
es un confesionario del mar,
un cementerio de lágrimas.

Como la hoja caída de otoño
resiste el asedio del viento,
resiste tú
este acoso del alma,
ese pronunciar y pronunciar su nombre
en la timidez de la aurora,
en la orilla del crepúsculo.

Escuchad la ternura,
la imploración de un Amor
para un corazón cautivo.

Vocación de amar i

En una hora de cualquier día
ante mí apareces poderosa
como un vitral reluciente
que disipa la niebla intensa.
Apartado en mi refugio
dibujo los ríos de tus brazos,
memorizo los botones de tu blusa
y queda el Amor preso en mi boca.

Las palabras que no dices y yo espero
aguardan el momento preciso,
huérfanas de voz y luces,
en un cendal de silencio,
en un lago de flores secas.

Y hasta allí acudo confiado,
poseído por un extraño delirio,
con una viva y ferviente esperanza,
la de ser tu sueño y despertarte.

VOCACIÓN DE AMAR II

En la marea de mis sueños
tú permaneces, rosa fértil,
fruto que jamás recojo,
última gota transparente
que de la fuente del Amor emana.

¡He buscado tantas veces tu luz
en paraísos de corales y estrellas!,
en la fina comisura de tus labios
que adormecen con una tibia sonrisa
estas silenciosas plegarias.

Eres el miedo que me ahoga,
también la flor que será ramo.
Contengo la avidez de mi deseo
y un susurro de voces me advierte:
«El final siempre es la espera».

GRATITUD

Dime hasta dónde puedo llegar
para agradecer el dolor que no tengo.
Protegido por la baranda de los años,
caminas con la aureola que te distingue
hacia una azotea inalcanzable.

Agradece haber podido
llegar a tu destino final,
la puerta abierta,
el pan tierno en la mesa,
con la emoción por vivir intacta,
como la del esposo en un rincón
ante la inminencia del parto.

Tu nombre recorre siglos.
Olvida la sangre,
sangre de labios mordidos.
Olvida el pánico de la renuncia.
Tu ayer es el deseo de ahora.

FOTOGRAMA

Se acercó a ella
para ofrecerle un beso,
en un gesto lentísimo
para no dañar los labios.
Y retrasó tanto el atrevimiento
que todo fue vacío
y el beso, de despedida.

ESPECTRO

Verte muy cerca, tendida
en la orilla de mi sombra.
No basta todo el empeño
para reducir el espacio
marcado por este sol, hoy verdugo
que ilumina el día y nos separa.

Avanzar es quedarse,
o retroceder hasta el sueño
donde algún ángel ilumine
y bendiga nuestra boda.
El paso del tiempo no ayuda,
esta sombra será sombra,
en ella morirá el anhelo.
Alguna fuerza nos detiene
en una cuenta atrás imparable.

El Amor se balancea,
fácil deriva hacia el olvido.

TU CUERPO SE VISTE DE NOCHE

Madrugada de enero.
No importa la lluvia o el frío,
ni lo que dura este poema.
Ninguna luz preciso para adivinarte.
Dormida a mi lado
eres un cuerpo tendido
en un rincón de mi cielo.

Tu cabeza sobre la almohada
es un cofre repleto de perlas
y el deseo de tus sueños:
vestidos de domingo,
risas de los hijos,
globos de colores.
Desde tu labio superior
levísimas gotas de rocío
se deslizan como niños en toboganes
y abandonan el carrusel de tu boca.

Madrugada de abril.
No importa todo lo dicho,
necesito el sol en mi vida,
no tengo cielo ni cama,
tres meses tan solo bastaron
para desvanecer un sueño.

III. LOS OTROS

¿A quién le pediremos cuentas,
qué tribunal podría purgar
la podredumbre de la historia?

J. M. CABALLERO BONALD

Hay deseos que permanecen toda la vida
de modo que no podría esperarse su cumplimiento.

R. M. RILKE

El llanto de las manos

Retirada tú en la urna de la soledad,
tus manos, que un día no muy lejano
pasearon bondadosas por labios secos,
dibujan arcos solitarios en el aire
y detienen la inminencia del suicidio.

Divisas parte del mundo
y sigue siendo el mundo:
riguroso orden de seres
dispuestos a ser amados,
hombres arrestados en un pedazo de tierra
que se reparten con su sangre.

Abrazada a la dulzura que ostentas,
saltas de un gran dolor
a un dolor más grande.
¿Quién devuelve los préstamos de Amor?
¿Quién cataloga los sueños?
Con esos ojos mendicantes
eres media vida
que posee una pena entera.

Retirada en la urna de la soledad,
tus manos, incapaces de reposar en paz,
lloran ahora temblando.

KIRKUK 2016

No es lo que esperabas:
flor abierta, lluvia reparadora.
Acércate hasta la fragua
donde habita el odio
y se ocultan llagas
de una piel indefensa,
plegarias inaudibles
como el grito en un sueño.

No bastan viveros de ilusiones
ni la urdimbre de un Amor
tan tenso y manoseado
que se vuelve reja o cárcel.

Desciendes de la cima de la compasión
con tu afamado vuelo doméstico.
La palabra *piedad* abandona el diccionario.

Un niño con la edad de un hombre
lleva la muerte en su cintura.

LOS OTROS

¿Y qué le queda al desvalido
entre el más tarde, ahora y el pasado?,
aceptar lo inaceptable, guardar silencio.

J. C. BLOEM

Nada puede detener este dolor.
En el inmenso tablero de la vida,
donde los estrategas diseñan la muerte,
tú eres un peón prescindible,
dueño de tu diminuta isla,
acechado por un turbión de municiones
cuyo destino es el corazón ajeno.

Son ellos los que sufren,
tan vacíos de Amor y esperanza
que los pulmones caen de sus cuerpos
dejando sus esqueletos lastimados.

Desde mi odiado pedestal
veo al pobre miserable;
sin una brizna de deseo
orina sus propias lágrimas.
Yo duermo en su cabeza
contemplando las heridas que crecen
hasta alcanzar mi propia edad.
Me hago sitio entre las basuras,
donde un cuerpo cae y se levanta,
cae y se levanta de nuevo,
pero vosotros siempre veis derrumbado.

EFEMÉRIDES

Hay días que nacen
para ser olvidados
y morir sin recuerdo alguno
en las frías hojas del calendario.
Son presagio de un abril sin luz,
huellas de batallas perdidas;
llegan como un repentino alacrán
que invade la estancia en la noche
y se retira invisible
tras inyectar su veneno.

Otros días, en cambio,
dejan de ser número,
los convertimos en nombres.
Anuncian la ansiada primavera,
el retorno de las aves
que, en un viaje sin desmayo,
llegan a su paraíso embellecido
para iniciar el rito nupcial
y dar continuidad a la vida.
Rescatamos esos días del tiempo
como templos inmortales
destinados a ser historia.

¡Vive este día esplendoroso!,
un nuevo espacio de luz,
ponle el nombre que tú quieras,
el de una virgen venerable,
por ejemplo: Esperanza.

REGRESOS

Perdida la batalla con la tierra
vuelves a la ciudad extraña,
te unes a la caravana de otros hombres
con sus carruajes relucientes,
sabiendo que el viaje será muy corto,
mañana serán cenizas.

Te preguntas si es tanto lo querido
que la luz no es necesaria,
si la mirada limpia
puede desgastar las cosas,
convertirlas en cieno oculto.

Pero quieres simplemente vivir,
habitar en la memoria,
crear estancias de ternura,
ofrecer el fervor que la vida merece,
ser larva o semilla,
el inicio de lo no vivido.

HEREDAD

No te has ido.
Como la pluma trizada del ave
mantiene a duras penas su vuelo,
así has vivido tú:
valiente y bondadoso
como el faro en la abisal noche
esbozando señales de auxilio
al corazón abatido.
Indefenso y solitario,
como un barco fuera de la bocana
implorando a las puertas del refugio
un lugar donde abandonar su lastre.

No fue una huida tu ausencia,
solo trasmutación de la memoria.
Siempre quedará tu nombre,
mausoleo eterno de la piedra,
fiel guardián de tu pasado.

No te has ido.
Morir es vivir en el recuerdo de otros.

INCERTEZA

Acudo hacia un mar
cuyo fondo nunca he visto;
no adivino su horizonte,
el azul marino soñado,
heraldo de tantas promesas.

Y me pregunto
si es mi Amor tan puro
como la virginidad de la tierra,
como la ceniza blanca
que no nace del fuego,
si esta vida solo ha sido
el tránsito veloz
de un corazón ilusionado
paseando en volandas su apogeo.

Este cuerpo sin tiempo,
con tanto Amor por ofrecer,
queda enterrado en la arena
como una lombriz agotada
cuya utilidad es ser anzuelo,
alimento para la muerte.

Desde las tapias de la vieja fábrica
donde mis piernas crecían día a día
ajeno a la soledad de la siesta.
Ciento tres casas
daban su nombre al barrio
y eran testigos de aquellos juegos:
sacar las monedas de un círculo
con piedras perfectamente talladas,
clavar la navaja en el árbol
desde la distancia acordada
o dividir la tierra con su filo
conquistando nuevos territorios,
rifas de objetos inservibles,
como es inservible este recuerdo,
armas de madera frente a pájaros,
su cuerpo mostrado como trofeo
colgado de brillantes alambres.

Hoy bajo hasta la fuente,
cada peldaño el frío aumenta,
el agua helada en mi cara,
las casas se mantienen vivas,
sin una edad, en un espacio
que ahora solo pertenece
a los hijos de los hijos
de aquellos amigos míos.

MERCADERES

No quiero escribir sobre versos
ahora que no son míos;
nacidos a la luz del insomnio
aliviaron horas de tristeza.
Siempre escapan de mi vista
como ratas de un buque en llamas
para quedar en otras manos
que, aunque su dolor no perciben,
miserables monedas aceptan.

Miedo en tus ojos

He visto el miedo en tus ojos
que rabiosos de tristes, casi puñales,
lanzaban una luz suplicante
en busca de un refugio cercano.

Fue un vano propósito,
alojar un corazón aprendiz
en una grieta de roca viva,
convertir un profundo dolor
en lábil voz de un lamento.

Y la inocencia se hizo mayor,
pero llegó sin decir nada,
como el repentino llanto del niño
que no puede interiorizar su pena.

Para ti se hizo aquello
que hoy has perdido,
por desconfiar de la ternura,
por caminar y volver la vista,
por tanto Amor acumulado
en un alma crédula.

Donde nadie te espera

Me acerco con miedo, muy despacio,
hasta el viejo pueblo que pervive.
La plaza, un enorme salón,
dolor y hondas heridas
respiran sus milenarias piedras.
Un balcón lleno de herrumbre
se abre al precipicio de la luz.
Pinos y abetos en la ladera,
clavados como alfileres de plata
protegen al olvidado castillo.

Bajo las sombras o sin ellas,
con la repentina lluvia que abandona
la gris madeja de las nubes
y lentamente penetra en las manos.
Por la lejana alameda,
por los rincones que bien conoces
como ilustre arquitecto de sueños,
hasta allí acercas tus pasos
para revivir el pasado.
De repente el cielo se derrumba,
cesa la lluvia pero la luz se apaga.
Abandonas las últimas casas
por el mismo angosto camino
que un día de junio llegaste
con la esperanza urgente
de encontrar la niñez perdida.

Adiós a la noche

Nadie sabrá de este regreso.
Un hombre despojado de su fiera
vuelve a la luz del día
ofreciendo su cara nevada.
El mundo ahora es otro.

ENSOÑACIÓN FINAL

Por fin acepto esa mano
que alguien confiado me tiende
para afrontar el tránsito
de un corazón a la deriva.

Asiré esta nueva esperanza:
hay que amar lo que perdura.
La tarea que resta es vivir,
besar la raíz de la tierra
como un feliz animal
que tras un pronunciado letargo
arranca de su cuerpo las esquirlas
de los huesos fracturados.

Un extraño me acompaña
y me enseña nuevas calles.
La ciudad duerme en mis ojos:
un radiante día comienza.

ÍNDICE